唤醒

"失忆"臀肌

4周激活、强化训练，重启最强运动"发动机"

刘珊珊 编著

人民邮电出版社

北　京

图书在版编目（CIP）数据

唤醒"失忆"臀肌：4周激活、强化训练，重启最强
运动"发动机" / 刘珊珊编著. -- 北京 ：人民邮电出
版社，2025. -- ISBN 978-7-115-66187-6

Ⅰ. G883.2

中国国家版本馆 CIP 数据核字第 20252CG929 号

免 责 声 明

内 容 提 要

本书聚焦久坐引发的臀肌"失忆"现象，深入探讨其对身体的影响及解决之道。作者凭借丰富的运动健身领域研究与实践经验，系统剖析了臀肌在身体形态与健康中发挥的关键作用，揭示了臀肌功能减退导致其他肌肉代偿所产生的危害，如身体疼痛、体态失衡等。本书还详细介绍了步态测试、单腿站立测试等评估方法，帮助读者精准判断臀肌功能状况；提供了为期4周的科学训练计划，对每一个计划中的练习都进行了分步骤图文详解，帮助读者快速掌握激活、强化臀肌的方法。本书旨在帮助有臀肌"失忆"情况的读者及时察觉自身问题，并通过科学的运动改善臀肌功能，提升健康水平和生活质量。

◆ 编　　著　刘珊珊
　　责任编辑　王若璇
　　责任印制　彭志环

◆ 人民邮电出版社出版发行　　北京市丰台区成寿寺路 11 号
　　邮编　100164　电子邮件　315@ptpress.com.cn
　　网址　https://www.ptpress.com.cn
　　北京九天鸿程印刷有限责任公司印刷

◆ 开本：880×1230　1/32
　　印张：3　　　　　　　　　　　　　2025 年 5 月第 1 版
　　字数：96 千字　　　　　　　　　2025 年 5 月北京第 1 次印刷

定价：29.80 元

读者服务热线：(010)81055296　印装质量热线：(010)81055316
反盗版热线：(010)81055315

前 言

在当今社会，我们中的很多人背负着沉重的工作和生活压力，日复一日地将绝大多数时间都倾注于伏案工作、学习之中，又将难得的放松时间消耗于瘫坐在沙发上玩手机或倒在床上刷剧之中。我们的身体长期遭受错误使用，且缺乏必要的养护，致使诸多部位出现问题，肩颈不适、腰背酸痛、精力不济成为日常困扰，整个人逐渐陷入亚健康状态。这其中，有一个既是"受害者"，又是其他很多问题的根源，却常常被我们忽视的重要部位——臀肌。

通常，在我们的一天中，坐着和躺着的时间占据了相当大的比重。在这漫长的时间里，臀肌持续处于受压状态，血液流通受阻，仿佛被禁锢在一个狭小的空间里，艰难地喘息着。长此以往，臀肌不再积极地反抗这种压迫，而是变得松弛无力。在我们行走、上下楼梯等需要臀肌发力的时候，它却像"睡着了"一样，无法被有效激活，这些工作不得不交由大腿和腰部的肌肉来完成。如此一来，臀部自身失去了应有的活力与紧致，还引发了一系列连锁反应：膝盖承受了额外的压力，腰部肌肉因过度代偿而疲惫不堪，骨盆与髋关节的稳定性变差，导致身体疼痛、不良体态等问题接踵而至。

臀肌这种无法被有效激活、调用的情况，被形象地称为臀肌"失忆"或"死臀综合征"。臀肌本是人体中质量最大的肌群，是身体重要的力量之源，而"失忆"的臀肌无力、松垮、下垂，不仅会影响整个身体的美观，更会破坏身体功能，引发慢性疼痛！本书的目的就在于，帮助大家意识到臀肌的重要性和臀肌"失忆"的不良后果，进而跟随书中指导，通过科学、高效的运动激活、强化臀肌，使其回到健康状态。最后一章讲解了放松臀肌的动作，这些动作既可以用于激活、强化训练后的放松环节，也可以当作缓解肌肉紧张与僵硬的单独训练。

觉察到身体的不适，并毅然决定通过运动来改善，这无疑是迈向健康生活的积极起点。但"见之不若知之，知之不若行之"，衷心希望本书中介绍的运动方法能真正为你所掌握，为你所用，成为你改善体态、提高健康水平的得力助手！愿你通过科学运动拯救"失忆"臀肌，收获健康、美丽的身体。

目 录

3　　第 1 周：激活臀肌第 1 阶段，臀肌
　　　正在一点点被唤醒 37

1

😮具有
诸多健康隐患的⚠️
↘️臀肌"失忆",
你◎中招了吗
❓

肌肉也会"失忆"？

没错！"失忆"肌肉难以被激活、发力

肌肉也有记忆，也会"失忆"吗？没错！但肌肉的"记忆"与我们通常所说的大脑存储的"记忆"不同，肌肉"记忆"指的是同一个动作重复多次后，肌肉形成的条件反射。肌肉"失忆"也就意味着失去了这种条件反射，无法驱动身体做出相应的动作，表现为肌肉功能减退或丧失。在这种情况下，肌肉似乎"忘记"了正确的激活方式，进而无法正确地收缩和放松，导致所在身体部位的运动能力受限，甚至影响其他身体部位的功能最终诱发一系列的健康隐患。

比较常见的肌肉"失忆"就是臀肌"失忆"，这种现象又被称为"死臀综合征"。"失忆"的臀肌不会正确地用力、激活不够、参与运动不充分。当你试图去收缩它，感知它的存在时，你会觉得有些困难。这种情况既有可能是短暂的，也有可能是持久的，严重程度从轻微到重度不等。臀肌"失忆"，不仅会影响身材的美观，还会给健康带来不利影响。

我"失忆"了……
我似乎忘了如何
正确地发力！

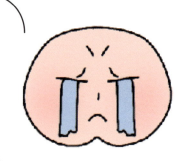

臀肌该发力时不发力，不该发力的肌肉就会代替它工作，长此以往，身体不堪重负

肌肉无法被调用的感觉，就像是身体的某一部分"睡着了""失能了"。这通常是由于控制该肌肉的神经受到压迫或刺激，导致肌肉的"启动开关"被暂时关闭（即肌肉功能逐渐退化）。一旦出现这样的情况后，身体使用该肌肉的能力就会大幅下降。

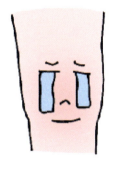

我承受了
我不该承受的
压力！

当臀肌的"启动开关"被关闭，身体无法有效运用臀肌去完成特定动作时，就会转而依赖其他肌肉来达成目标，这种现象被称为"肌肉代偿"。而臀大肌是身体中质量最大、力量最强的肌肉之一，在它因"失忆"而不能正常被激活、调用的情况下，身体转而去调用其他力量相对较小的肌肉去完成原本臀肌应完成的任务。这非常危险，因为目标动作所产生的压力并不是那些替代臀肌工作的力量相对较小的肌肉该承受的，也远远超出了它们的承受能力。这种情况如果不加以干预，就会导致肌肉协同——臀部和腿部的辅助肌肉被迫"接管"原本应由臀肌主导的运动，并改变了脊柱、下背部和臀部的受力分布，由于它们本身的能力又比较有限，长此以往身体姿态将出现异常，甚至可能引发损伤，腰背部疼痛以及膝关节炎症等慢性损伤往往就是这么来的。

臀肌"失忆"带来可怕的连锁反应：臀部扁平、腰背疼痛、膝盖疼痛、腿部粗壮等

当身体忘了该如何有效激活臀肌时，在日常活动及运动中，那些本应由臀肌主导发力的时刻，它却无法被正确地激活、收缩、发力。如此一来，臀肌就会常常处于不被使用的"闲置"状态。而我们都知道，人体的器官、组织普遍遵循"用进废退"的原则：经常使用就会更加强壮，不常使用则会逐渐退化。当臀肌被长期"闲置"，它的退化在所难免，逐渐变得扁平松弛，严重影响身体的整体曲线和美感。

然而，更为关键的是关注臀肌力量的减弱和功能的减退。这会导致骨盆附近负责稳定的肌肉张力的紊乱及相关肌肉的代偿，从而引发一系列对身体健康不利的连锁反应：不仅会加剧腰背部、膝关节的负担，甚至会影响到踝关节，具体表现为腰背疼痛、膝盖疼痛、腿部粗壮以及踝关节损伤风险增加等。

更为严峻的是，潜在的后果远不止于此。人体犹如一台设计精妙的"机器"，当其中的"零件"各司其职时，这台"机器"的运转顺当，但当一些肌肉因缺乏锻炼而被"闲置"，导致代偿肌肉过度承担任务时，原本的巧妙设计就被打破了。这不仅削弱了肌肉维持身体姿态和支持身体运动的综合能力，更会导致我们整个人的体态和动作模式发生转变。具体表现为，整个人呈现出弯腰驼背、头往前伸、走起路来脚拖地等不良体态。这会进一步加剧身体疼痛、损伤的情况，形成恶性循环。

被誉为"欧洲康复之父"的捷克神经学家弗拉迪米尔·扬达早在 1964 年就发现，臀大肌受到抑制的人在主动伸髋时，对侧的背阔肌会被代偿性激活，使腰背肌肉发生代偿，引发慢性腰背疼痛。

臀肌 "失忆" 带来的可怕连锁反应

①体态改变
如骨盆前倾、骨盆旋转、驼背、膝内扣等。

②步态改变
如拖着脚走路、撅着肚子走路等。

③腰部病痛
慢性非特异性腰痛、腰椎椎间盘突出、腰椎退化等。

④髋部病痛
骨盆灵活性下降、骶髂关节疼痛等。

⑤膝盖病痛
膝关节退化、膝关节疼痛等。

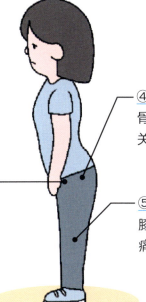

当我 "失忆" 了，不仅我自己会变丑，还会连累身体其他部位，真的很抱歉！

臀肌"失忆"的主要"元凶"：

久坐！不良身体姿势也是重要诱因

　　臀肌"失忆"最重要的诱因是现代生活中久坐不动的生活方式。当我们长时间坐时，臀部肌肉会持续受到压迫，并且处于放松状态，同时肌肉内的血液流动也会受到限制，臀肌像是进入了"沉睡"状态。久而久之，臀肌会逐渐适应这种"沉睡"模式，"忘记"自己在日常活动和运动时所应承担的重要使命，导致越来越难以被有效调用。长此以往，即便是在站立、行走甚至运动状态下，臀肌也可能依然保持这种放松状态。

　　错误的身体姿势也是导致臀肌"失忆"的诱因之一。当身体处于不良姿势时，臀肌不仅难以发挥其应有的功能，还会和久坐一样，陷入一种"废用"的境地，最终导致臀肌"失忆"现象的发生。

在一天的绝大部分时间里，我一直受到压迫……

在臀肌"失忆"的状态下锻炼臀部，不仅难以练出翘臀，还会加剧身体的疼痛感

如果臀肌"失忆"的情况已经出现，选择错误的锻炼方式或执行不正确的锻炼动作无疑会加重臀肌"失忆症"。当试图激活臀肌时，如果锻炼动作缺乏规范性，不仅不能使臀肌的正常功能得到锻炼，反而有可能使其他肌肉出现代偿性收缩。当锻炼动作无法激活目标肌肉时，大脑为了完成动作，会调动其他的肌肉代替其完成运动，导致周围较小的肌肉过度发展，而臀肌则进一步丧失了其渴望得到的训练刺激。

例如，如果久坐人群刚刚开始锻炼时，就选择做硬拉、深蹲等高难度动作，且急于增加训练量，以期望强化臀肌，往往适得其反；然而，在练完的第二天，很多人并不感到臀部酸痛，而是感觉下背部和腘绳肌变得紧张、僵硬，同时伴有股四头肌酸痛。这就是臀大肌没有被调用或者参与很少，而其他肌肉代偿性收缩的结果。

当我"失忆"时，
深蹲和硬拉不仅练不出翘臀，还会导致腰背不适和大腿酸痛！

臀肌：
人体力量源头之一，
关乎我们的
健康与美丽
！

位于身体中段的臀肌是身体最大的强力"发动机"

人体拥有超过 600 块肌肉，这些肌肉各司其职，掌控着我们的表情、姿势与动作。其中，位于身体中段后侧的臀肌，连接着躯干和下肢，是身体的重要连接点。在协调与统一多种身体姿势与动作时，臀肌扮演了不可或缺的关键角色。我们日常生活中众多功能性活动，如直立行走、从座位上起身、上下台阶、跑步等，都离不开臀肌的积极参与，它不仅是身体重要的力量源头之一，更堪称是身体最大的强力"发动机"。

强壮的臀肌不仅是日常生活中的得力助手，还能帮助你在各项体育运动中赢得优势。这是因为，在运动时，臀肌主导着髋关节的屈伸、外展、内收以及身体的扭转等多种基本动作，而这些动作正是跳跃、冲刺、蹲举、投掷、推、拉和击打等运动不可或缺的元素。此外，臀肌的参与程度也会影响一些看似与臀肌无关的技术动作，例如，只有肩部参与下的出拳力度要远远小于臀肌也参与其中的出拳力度。布雷特·康特拉博士在《臀肌实验室：力量与形体训练的科学与艺术》一书中阐述了一个被很多人认可的观

点：臀肌越强,运动员的运动表现越优秀。臀肌的强壮与否通常被视为区分优秀运动员和普通运动员的标准之一。

强壮的臀肌在我们双脚或单脚站立时提供稳定的支撑,极大地增加了身体的平衡能力。这一特性对日常生活和体育锻炼,都有着非凡意义。强壮的臀肌不仅降低跌倒概率、减少损伤风险,还能够显著提升其他身体部位的训练效率和效果,因为针对身体主要肌群的复合训练动作几乎都离不开臀肌的参与。因此,强化臀肌不仅是为了塑造优美的身体线条,更是提升整体运动表现和身体健康水平的关键所在。

人体中质量最大的肌肉：臀大肌

臀部的臀大肌不仅是人体中质量最大的肌肉,也是力量与爆发力方面的佼佼者。同时,由于臀大肌庞大的质量和体积,它在代谢方面展现出极高的热量消耗能力。此外,臀肌的增肌显著,因此,臀大肌训练会帮助我们获得很好的健身效果。

日常动作、体育运动
和维持身体平衡，都
离不开我的参与！

专栏 1

骨盆 认识我们的

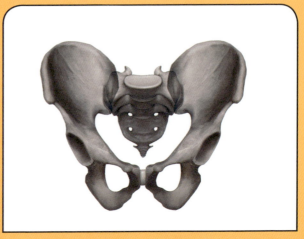

　　骨盆，是我们身体上一个骨性的盆状结构。它位于身体的中段，连接脊柱和下肢，由骶骨、尾骨、髂骨、坐骨和耻骨以及其间的韧带构成。

　　当我们处于坐、立、行走等姿势时，躯干的重量主要落在骨盆上；在搬运重物或进行体育运动时，手臂和肩部等上肢承受的重量也会通过脊柱传递至骨盆。可见，骨盆是身体稳定性的基石。一般来说，骨盆的功能主要体现在以下几个方面。

① 稳定重心

　　骨盆是一个宽度、高度和纵深维度都相对较大的复杂骨性结构。与骨盆相关联的关节的活动范围非常有限，只有骨盆与脊柱连接处的骶髂关节具有微小的活动能力。正是这种独特的结构特性，使得骨盆在维持人体核心区域稳定性方面起到了关键作用。

② 缓冲震荡

　　与骨盆相关联的髋关节、骶髂关节周围具有丰富的、强大的韧带和肌肉，能够有效地吸收运动时自上而下的压力和自下而上的冲击力，从而为大脑、神经、内脏等器官提供有效的保护。

3 保护
盆腔

　　骨盆构造精妙，内部构筑了一个名为盆腔的空腔，其上部较大的开口被称为大骨盆，底部较小的开口被称为小骨盆。大骨盆被髂骨包围，内部安置着肠道系统；小骨盆则容纳了泌尿系统及生殖系统的脏器，如直肠、膀胱和子宫等。骨盆以其坚固的骨性结构，为盆腔内的组织、器官提供了必要的保护，确保它们在日常生活和各种活动中均能安全无虞。

4 胎儿
产道

　　在分娩过程中，女性的骨盆充当了胎儿的骨产道。相较于男性骨盆，女性骨盆宽且浅，耻骨下的开口角度比较大，这些特征都是为了便于胎儿产出而在进化中产生的适应性改变。

骨盆是如何影响臀部形态的

骨盆的解剖特征在很大程度上影响了臀部的形态，而这些特征正是每个人臀部形态各异，且很难通过后天训练改变的根本原因。

① 髂骨的大小和宽度、髂骨和大转子之间的距离以及大转子的大小、股骨颈的长度和角度等直接决定附着在它们上面的肌肉的长度和形态。

② 骶骨倾斜的角度、骶骨与股骨之间的距离也是重要的影响因素。想象一下，从侧面看，当骶骨角向后倾斜的角度较大，臀部就会像加了裙撑的公主裙一样，整个被撑起来，看起来更翘；反之，臀部看起来就会比较平。

臀部的肌肉主要包括：臀大肌、臀中肌、臀小肌、梨状肌、上下孖肌、闭孔内肌、闭孔外肌和股方肌，他们紧密连接着躯干、骨盆和下肢，在身体中扮演着中转站和核心稳定器的角色。本书中，我们将它们统称为"臀肌"。在臀肌的作用下，身体可以完成髋关节的外展、内收、外旋等运动。此外，臀肌还帮助维持骨盆、腰椎乃至膝盖、踝关节的稳定，下面我们来简单认识下几块主要的臀肌：臀大肌、臀中肌和梨状肌。

专栏 2

认识我们的臀肌

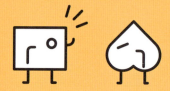

1 | 臀大肌

臀大肌是臀肌中的"老大哥"，体积最大，约占整个臀肌的三分之二，对臀部形态起着决定性的作用。这块肌肉位于臀部的最表层，覆盖臀中肌和臀小肌的一部分。臀大肌的纤维走向是斜向外下的，通常被分为上、下两部分，即上部臀大肌和下部臀大肌。在训练中，髋外展这个动作主要用于锻炼上部臀大肌；髋外旋主要用于锻炼下部臀大肌；想要同时锻炼上、下部臀大肌，则可以选择臀推、硬拉和臀桥这些动作，它们的效果都不错。当然，使用多样化动作组合有助于臀大肌获得最大化的训练效果。

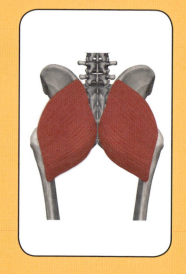

2 | 臀中肌和 臀小肌

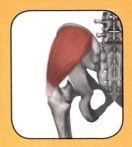

臀中肌位于髂骨外侧面，深藏于臀大肌之下，覆盖于臀小肌之上。臀中肌会对臀部上部的形态产生一定的影响。然而，因为臀中肌的力线和臀大肌、臀小肌有重合，所以很难通过特定的动作来单独锻炼臀中肌。因此，"某个动作是专门锻炼臀中肌的"这种说法是不准确的，臀大肌上部、臀中肌及臀小肌往往协同工作。臀小肌位于臀中肌的深面，其形态、起止点及功能都与臀中肌相同，因此有时臀中肌和臀小肌会被视为一块肌肉，被称为"小臀肌"，是髋关节外展的原动肌。

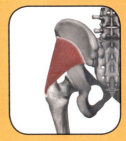

3 | 梨状肌

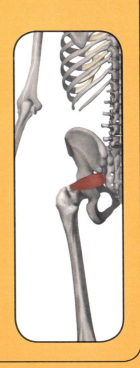

梨状肌体积较小，位置较深，其形状似梨，因此得名。人体中最粗大的神经——坐骨神经，通常会穿行于梨状肌的下方。许多人初次听到梨状肌这一名词，往往是因"屁股痛"就医时，被告知患有梨状肌综合征。梨状肌综合征指当坐骨神经受到梨状肌压迫时而引发的一系列下肢不适症状，如疼痛、麻木和刺痛等，而导致这一症状的重要诱因之一就是长时间保持不良坐姿，如歪着身子坐或是跷二郎腿，导致坐骨神经受压迫或刺激，最终诱发梨状肌综合征。

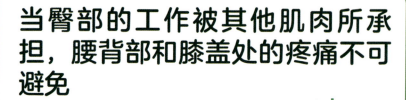

当臀部的工作被其他肌肉所承担，腰背部和膝盖处的疼痛不可避免

随着时间的流逝和地心引力的持续影响，我们的臀部可能会逐渐呈现出下垂的趋势。在这种情况下，如果我们缺乏足够的锻炼，加之保持长时间坐姿，臀部肌肉就会变得越来越薄弱，甚至出现"失忆"的情况，即在该工作的时候不工作，导致其他肌肉不得不代劳。例如，当我们做转身、弯腰等动作时，如果臀肌激活不够，腰部肌肉就会为了维持身体稳定而过度发力，而长期的过度工作会导致腰部肌肉紧张、疲劳，最终引发腰背部疼痛。当我们做跳跃、跑动等动作时，如果臀肌力量不足，膝关节及其周围的肌肉就不得不承受过大压力。长此以往，膝盖容易引发疼痛，磨损的风险也大大增加。此外，臀肌的无力还会影响腰椎和膝关节的稳定性，使得腰椎、膝关节及二者周围肌肉受到的压力、冲击增大，引发腰背部和膝盖处的疼痛。

当我激活不够、力量不足时，即便是弯腰、跑步等简单动作也可能使腰部、膝盖等其他部位产生问题！

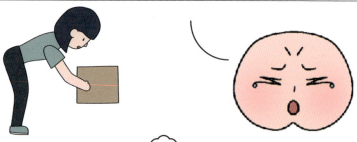

没有什么比紧致的臀部更能凸显身材了！臀部扁平非常影响身材的曲线美

谈及臀部在人体美学中的重要性，有人曾这样精辟指出："女性腰之摇曳，腿之修长，体态之婀娜，无不从臀部的形态和曲线中凸显出来。"臀部位于身体正中，从背面看，它是整个身体的视觉焦点；从侧面观，它可以凸显身材曲线。无论男女，挺翘的臀部一直被视为性感的标志之一。由此可见，一个线条完美的臀部能对于凸显身材的曲线美起着至关重要的作用。

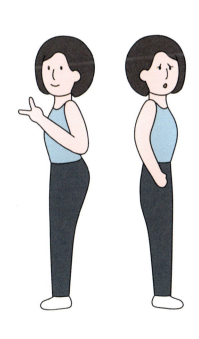

我的外形，非常影响身材和气质！

此外,前文已提到,臀肌的强壮与否与我们运动表现的好坏息息相关。强壮的臀肌会让你跑得更快,跳得更高、更远,在进行硬拉和深蹲等力量训练时,强壮的臀肌将赋予你驾驭更大负荷的力量,在格斗中让你拥有更抢眼的攻守表现。总之,强壮的臀肌会让我们在运动中表现出色,在运动场上展示更吸引人的运动气质和魅力。

那么,什么样的臀部才能被称得上是美臀呢？不同的人可能会给出不同的答案,毕竟审美在一定程度上是主观的,即便在专业的美臀比赛中,评分也会受到评委主观上的影响。但是,关于美臀的审美,有一些共识可供参考。接下来,我们将从臀线、腰臀比和臀形三方面展开介绍。

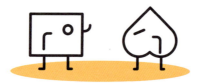

① 臀线

当我们从身体背面观察时,臀部是附在骨盆上的两大块瓣状肌肉,下端与大腿的上端相连。而臀线指的是臀部下端与大腿上端相连的区域,在解剖学里也被称为臀沟或臀股沟。大家通常认为,臀线的高度影响臀部和腿部的视觉比例：臀线越高,臀部看起来越翘,双腿看起来越修长,因此很多人追求通过锻炼提升臀线。但研究表明,臀线的实际高度并不会因锻炼而改变。锻炼的真正效果在于改变臀肌的形状,使其看起来更加紧致、饱满,从而在视觉上创造出一种臀线更高、臀部更翘、双腿更修长的效果。

2 | 腰臀比

腰臀比是衡量臀部美观性公认的黄金标准之一。腰臀比（WHR）指腰围和臀围的比值，其中,腰围一般指腰部最窄处的围度,臀围一般指臀部最宽处的围度。腰臀比通常是评价身材吸引力的重要标准,也是判定中心性肥胖的重要指标。一般认为,腰臀比为 0.7~0.75 的女性,体形看起来更加匀称,更具吸引力。调查显示,大部分人认为腰臀比接近 0.7 的女性的身材最具吸引力。从健康角度来讲,男性腰臀比不应超过 0.9,女性腰臀比不应超过 0.8,否则出现中心性肥胖和相关慢性疾病的风险较高。

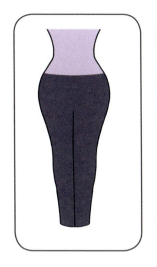

3 | 臀形

臀形由多种因素共同决定,包括骨盆和髋部骨骼的结构、身体脂肪的多少及其分布情况,以及臀部肌肉的发达程度等。遗传基因和生活方式、锻炼习惯等后天因素相互作用,共同造就上述要素之间的差异,形成了每个人的独特臀形。虽然就像雪花没有完全相同的两片一样,每个人的臀形都是独一无二的,但一般情况下,臀形可以被分为具有代表性的四类。

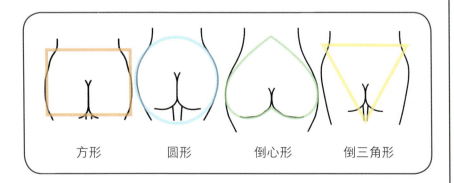

方形　　　圆形　　　倒心形　　　倒三角形

方形（H 形）

这种形状的臀部比较扁平，其特征由较高的髋骨或腰部两侧较多的脂肪塑造。这种臀形看起来上下一样宽，整体类似于方形或 H 形。拥有这类臀形的人往往臀中肌薄弱，导致很多脂肪依附在臀部并向外扩张，形成明显的方形轮廓。想要改善这种臀形，关键要加强臀中肌的锻炼，以增强臀部的圆润度和线条感。

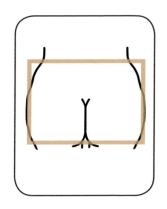

圆形（O 形）

这种形状的臀部脂肪分布均衡，看起来比较丰满、圆润，也属于大家心目中的好臀形。但是，拥有这种臀形的人通常整体看起来比较丰满，此外，当臀部脂肪堆积过多时，该类臀部很容易变得宽大、松弛，甚至变成下垂的"妈妈臀"。

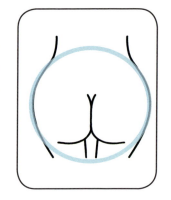

倒心形（A 形）

上窄下宽、整体呈倒过来的心形的臀部通常被认为是最具吸引力的臀部，被形象地称为"蜜桃臀"。拥有这种臀形的人往往腰部纤细、臀部丰满，腰臀比接近理想的 0.7；大腿外侧有明显的弧线，臀部下方比较饱满，整体呈现出圆润和挺翘的外观。这种臀形是很多女性追求的。

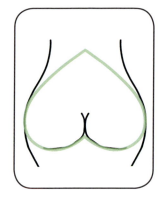

倒三角形（V形）

V形臀部上宽下窄，看起来像字母"V"，主要特征是髋部较窄、臀部扁平，上部比较圆润，中下部比较松垮，有下垂迹象，因而也被称为"下垂"臀，这种臀形通常被认为不太吸引人。随着年龄的增长，臀部脂肪会趋向于向腰腹部迁移，而久坐和缺乏锻炼的不良生活习惯更是加剧了这一现象，使得V形臀部在年长人群中相对更为普遍。

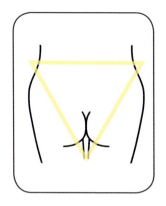

中国健身美臀大赛的评分标准

① 臀部是否有训练痕迹，是否饱满、挺翘。

② 臀部曲线是否流畅。

③ 臀部是否具备足够的灵活性，能够通过活力四射、魅力十足的动作来展现臀部之美。

健身比赛选手们所拥有的迷人美臀，并非天生丽质或依靠医疗美容手段，而是源于他们坚持不懈的科学训练。这样的美臀既具有十足的美感，又是健康的象征，是我们应该追求的！

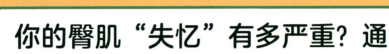

你的臀肌"失忆"有多严重？通过几个简单的小测试，看看你的臀肌到底出了哪些问题

步态测试

动作 自然向前走路。

观察 走路时的身体姿态，骨盆是否前倾、两侧骨盆是否出现明显的上升和下降、躯干是否向后倾斜。

目的
评估臀肌的力量和功能状态。

结果与解读

骨盆前倾：髋伸肌（臀大肌及大腿后侧肌群）力量不足。

两侧骨盆出现明显的上升和下降：髋外展肌（臀中肌、臀小肌）力量不足。

躯干向后倾斜：髋屈肌（髂腰肌及大腿前侧肌群）力量不足。

单腿站立测试

动作 单腿站立。将重心转移到其中一条腿，另一条腿屈膝抬高至大腿与地面平行。一侧测试完成后，换对侧重复。

观察 骨盆是否向支撑腿侧倾斜，以及躯干是否向支撑腿侧产生侧屈。

目的
评估髋外展肌（臀中肌、臀小肌）力量和功能状态。

结果与解读

骨盆向支撑腿侧倾斜，躯干向支撑腿侧侧屈：髋外展肌（臀中肌、臀小肌）力量不足。

俯卧伸髋测试

动作 俯卧，确保踝关节放松；头部处于自然、舒服的位置。缓慢向上抬起一条腿。一侧测试完成后，换对侧重复。

感受 抬起腿的同侧臀大肌和对侧竖脊肌是否收紧；腰椎处是否有压力，膝关节是否能够伸直。

> **目的**
>
> 评估臀肌的力量和功能状态。

结果与解读

大腿后侧及腰背部肌肉首先收紧，而臀大肌延后收紧或一直没有收紧；腰椎明显感觉到压力，而臀肌没有明显的感觉；感到膝关节无法伸直，大腿后侧肌肉先于臀大肌被激活，起到主导作用：臀肌无力，大腿肌肉和腰背部肌肉出现功能性代偿。

单腿臀桥测试

动作 仰卧于垫上，一条腿屈膝，脚撑于垫上，对侧腿向上伸直。髋部抬高，直至躯干和支撑侧大腿在一条直线上。一侧测试完成后，换对侧重复。

感受 注意支撑侧大腿后侧肌肉是否有紧张感；臀肌是否收紧；髋关节是否可以充分伸展；下背部是否感到紧张甚至疼痛；保持姿势3秒后，注意身体是否抖动，骨盆是否倾斜。

目的
评估臀肌的力量和功能状态。

结果与解读

支撑侧大腿后侧肌肉有紧张感，臀肌未收紧；髋关节无法充分伸展；下背部感到紧张甚至疼痛；保持姿势3秒后，出现身体抖动，骨盆倾斜：**臀肌无力或功能退化。**

跪姿伸髋测试

动作 双手、双膝撑于垫上，上半身保持与地面平行；然后两条腿交替向后踢。

观察 向后踢腿时，躯干和骨盆有没有向支撑腿侧倾斜。

感受支撑侧大腿后侧肌肉是否有紧张感，臀肌是否收紧。

目的
评估臀肌的力量和功能状态。

结果与解读

躯干、骨盆向支撑腿侧倾斜：髋外展肌（臀中肌）及臀小肌无力。

支撑侧大腿后侧肌肉有紧张感，臀肌未收紧：髋伸肌（臀大肌）无力。

双手负重弓步蹲测试

动作 站立，双手各持一个哑铃，一只脚向前迈一大步，随后下蹲至前侧腿屈膝呈90度。一侧测试完成后，换对侧重复。

观察 下蹲过程中，骨盆是否倾斜；躯干是否朝向正前方；膝盖有无内扣；前侧大踇指是否牢牢踩住地面；臀部是否发生晃动。

目的
评估臀肌的力量和功能状态。

结果与解读

骨盆倾斜，躯干未朝向正前方，膝盖内扣，前侧脚大踇指不能牢牢踩住地面，臀部发生晃动：提示臀肌在控制骨盆和下肢运动时的无力状态。

3

📅第 1 周：
激活臀肌第1阶段，
臀肌正在一点点
🍑被唤醒

锻炼目的

　　改变久坐的不良习惯，通过一些简单的动作来激活并锻炼臀肌，让臀肌在锻炼中一点点找回"记忆"，重建神经肌肉连接，增加关节的活动范围，增强髋关节的稳定性和灵活性，调整骨盆前倾或后倾的不良体态问题。

锻炼频率

　　每周 3~5 次，每次任选以下任意 1 个计划执行。

温馨提示

　　每次锻炼时间持续约 1 小时，其中包括 5~10 分钟的热身活动，如快走 / 慢跑(户外、跑步机跑步、原地跑均可)。锻炼结束后，进行 10 分钟的放松活动，减轻运动后的疲劳。

> 　　适宜负重：有一定的挑战，但是能够用标准的动作完成规定次数或时间，且不会出现力竭或动作变形的重量。

第 1 周计划 Ⓐ

序号	动作名称	阻力	锻炼量	间歇
1	四点支撑骨盆卷动	自重	8~12 次 × 2 组	30 秒
2	站姿骨盆卷动	自重	8~12 次 × 2 组	30 秒
3	站姿后踢腿	自重	8~12 次 / 侧 × 2 组	30 秒
4	站姿髋外展	自重	8~12 次 / 侧 × 2 组	30 秒
5	弓步走	自重	8~12 次 × 2 组	30 秒

第 1 周计划 Ⓑ

序号	动作名称	阻力	锻炼量	间歇
1	坐姿健身球骨盆摆动	自重	8~12 次 × 2 组	30 秒
2	站姿屈膝髋外展	自重	8~12 次 × 2 组	30 秒
3	臀桥	自重	8~12 次 × 2 组	30 秒
4	靠墙静蹲	自重	8~12 次 × 2 组	30 秒
5	哑铃侧向登阶	适宜负重	8~12 次 / 侧 × 2 组	30 秒

第 1 周计划 A

四点支撑骨盆卷动

① 俯卧位，双手双膝撑地，大腿和手臂均垂直于地面，核心收紧，腰背挺直，躯干保持稳定。

②③ 四肢保持不动，腹式呼吸，带动骨盆进行有规律地向前倾、后倾动作。回到起始姿势，完成规定的次数。

要点
重点体会核心区腹式呼吸，有控制地进行骨盆的前倾、后倾。

呼吸
全程保持均匀呼吸。

第 1 周计划 A

站姿骨盆卷动

① 双脚开立、与肩同宽，双膝微屈，双手叉腰。

② 骨盆向前向后交替卷动，直至臀部肌肉有一定程度的牵拉感。回到起始位置，完成规定的次数。

要点

除了骨盆卷动外，身体其他部位保持不动。注意保持一定的动作节奏。

呼吸

全程保持均匀呼吸。

第 1 周计划 A

站姿后踢腿

① 站立位，腰背挺直，双手扶住身前的椅子靠背。

② 重心移到一侧腿，对侧腿向后抬高，感受臀部肌肉收缩。回到起始姿势，完成规定的次数。换对侧重复。

要点

全程保持核心收紧，背部挺直。抬起的腿保持悬空，下放时要缓慢有控制。

呼吸

抬腿时呼气，下放时吸气。

第 1 周计划 A

站姿髋外展

① 站立位，躯干挺直，一侧手扶椅背，另一侧手叉腰。

② 靠近椅背处的腿为支撑腿，另一侧腿抬离地面，先屈曲内收，脚尖指向椅子方向。

③ 再向外展至最大幅度。回到起始姿势，完成规定的次数。换对侧重复进行相同动作。

要点	呼吸
全程保持骨盆稳定且保持中立位。	腿外展时呼气，还原时吸气。

第1周计划 A

弓步走

① 站立位，背部平直，腹部收紧，双手叉腰。

②③ 一侧腿向前跨出，双腿弯曲，身体下降，直至前腿大腿与地面平行，后腿膝盖近乎接触地面。然后，后腿收回并向前跨出，重复上述动作。两侧交替进行，完成规定次数。

要点

全程保持骨盆稳定且保持中立位。

呼吸

身体下降时吸气，起身时呼气。

第 1 周计划 B

坐姿健身球骨盆摆动

① 坐在健身球上，挺直胸背，双脚撑地。

②③ 保持身体稳定，臀部发力将一侧骨盆向侧面抬高至最大幅度。回到起始姿势，换对侧重复。两侧交替进行，完成规定的次数。

要点	呼吸
核心收紧，背部挺直。	全程均匀呼吸。

第 1 周计划 B

站姿屈膝髋外展

① 双脚开立、与肩同宽，脚尖朝前，双腿伸直，臀部收紧，挺胸抬头，目视前方，下颌收紧，双手置于身体两侧。

②③ 双手叉腰，一侧腿支撑，另一侧腿抬高至大腿与地面平行，屈膝呈 90 度。上提腿向外摆至最大幅度。回到起始姿势，换对侧重复。两侧交替进行，完成规定的次数。

要点
核心收紧，躯干保持稳定。下肢移动的过程中，速度均匀，躯干保持稳定。

呼吸
外展时呼气，还原时吸气。

第 1 周计划 B

臀桥

① 仰卧位，双臂自然放于身体两侧，双腿屈曲，脚尖抬起。

② 臀部收紧上提，尽量使肩、髋关节、膝关节在一条直线上，保持 2~3 秒。回到起始姿势，完成规定的次数。

①

要点

注意膝关节不要内扣。体会臀大肌、腘绳肌收缩发力的感觉。

呼吸

抬起时呼气，下落时吸气。

②

第1周计划 B

靠墙静蹲

① 站立位，双脚开立与肩同宽，身体保持一条直线，向后倾斜，后背紧靠跳箱，双手持哑铃放于身体两侧。

② 躯干保持直立、与墙面（跳箱）紧靠，屈膝屈髋下蹲，直至大腿与地面平行，然后保持用力状态，伸膝伸髋。回到起始姿势，完成规定的次数。

①

②

要点
下蹲过程中，躯干保持挺直且与跳箱紧靠。动作过程始终，膝盖和脚尖方向一致向前。

呼吸
下蹲起时呼气，蹲起时吸气。

第 1 周计划 B

哑铃侧向登阶

① 站立于跳箱一侧，双手各持一个哑铃，双臂自然下垂。靠近跳箱的一侧腿屈髋屈膝，迈上跳箱，对侧腿部伸直，支撑于地面。

② 保持挺胸抬头，屈膝腿的下肢发力，直到立于跳箱的腿伸直，身体随之向上移动，立于地面的腿部随身体上移并悬空。回到起始姿势，完成规定的次数。换对侧重复。

要点
膝关节不要内扣，不要超过脚尖。

呼吸
蹬阶时呼气，还原时吸气。

4

📅第 2 周☺
激活臀肌第 2 阶
段，失去的肌肉
记忆被找回

锻炼目的

目标肌肉发力的感觉逐步找回，通过一系列针对性的练习，逐步提高臀部肌肉的力量，改善髋关节稳定性，进一步调整体态，增强臀部肌肉力量与耐力，缓解因肌肉力量薄弱导致的腰背疼痛等不适症状。

锻炼频率

每周 2~3 次，每次任选以下任意 1 个计划执行。

温馨提示

每次锻炼时间持续约 1 小时，其中包括 5~10 分钟的热身活动，如快走 / 慢跑(户外、跑步机跑步、原地跑均可)。锻炼结束后，进行 10 分钟的放松活动，减轻运动后的疲劳。

适宜负重：有一定的挑战，但是能够用标准的动作完成规定次数或时间，且不会出现力竭或动作变形的重量。

第 2 周计划 Ⓐ

序号	动作名称	阻力	锻炼量	间歇
1	单腿臀桥	自重	12~15 次 / 侧 ×2~3 组	30 秒
2	四点支撑后抬腿	自重	30~45 秒 / 侧 ×2 组	30 秒
3	弹力带侧向行走	适宜负重	12~15 次 / 侧 ×2~3 组	30 秒
4	侧弓步	自重	12~15 次 ×2~3 组	30 秒
5	单腿硬拉	自重	12~15 次 / 侧 ×2~3 组	30 秒

第 2 周计划 Ⓑ

序号	动作名称	阻力	锻炼量	间歇
1	鸟狗式	自重	12~15 次 / 侧 ×2~3 组	30 秒
2	四点支撑侧展	自重	12~15 次 ×2~3 组	30 秒
3	蚌式开合	自重	12~15 次 / 侧 ×2~3 组	30 秒
4	弓箭步	自重	12~15 次 ×2~3 组	30 秒
5	侧平板支撑髋外展	自重	12~15 次 / 侧 ×2~3 组	30 秒

第 2 周计划 A

单腿臀桥

① 仰卧位，双膝弯曲，保持双脚与臀部同宽，双脚脚跟踩实垫面，抬起一条腿并伸直。

② 双手放于身体两侧，臀肌发力向上挺起，直至膝、髋和肩呈一条直线，保持抬起侧腿伸直不动。回到起始姿势，完成规定的次数。换对侧腿重复。

要点

挺髋过程中，支撑腿膝盖和脚尖方向一致向前。向上挺起至膝、髋和肩呈一条直线。

呼吸

挺髋时呼气，还原时吸气。

第 2 周计划 A

四点支撑后抬腿

俯卧位，双手双脚撑地，双腿伸直，双臂伸直位于肩部正下方，背部平直，腹部收紧。一侧腿保持不动，另一侧腿向上抬至最大幅度，保持该姿势至规定的时间。换对侧重复。

要点
核心收紧。背部平直。骨盆处于中立位。

呼吸
全程均匀呼吸。

第2周计划A

弹力带侧向行走

① 站立位，在踝关节处套弹力带，双脚分开与肩同宽，微微屈膝，保持弹力带张力。

② 抬左脚向左侧迈出一小步，右脚跟随向左移动。完成规定次数。换对侧重复。

要点
核心收紧，背部平直。弹力带始终具有张力重心不要起伏。

呼吸
全程均匀呼吸。

第 2 周计划 A

侧弓步

① 站立位，双脚并拢，挺胸直背，腹部收紧，双手自然垂于身体两侧。

② 保持一侧腿伸直，对侧腿向外跨一大步，臀部发力，屈髋屈膝下蹲至大腿与地面平行,同时双臂前平举。跨出腿收回蹬地站起。回到起始姿势，换对侧重复。两侧交替进行，完成规定的次数。

要点

核心收紧，背部平直。

呼吸

向外跨步时呼气,恢复时吸气。

第2周计划 A

单腿硬拉

① 站立位，双手叉腰，目视前方。

② 右腿单腿站立支撑，略微屈膝，屈髋，使躯干尽可能前倾，同时左腿向后伸直并抬高，保持躯干与左腿在一条直线上。回到起始姿势，完成规定的次数。换对侧重复。

要点

核心收紧。背部平直。保持身体稳定。

呼吸

抬腿时呼气，还原时吸气。

第 2 周计划 B

鸟狗式

① 俯身跪地，双手和双膝支撑地面，双手在肩关节的正下方，膝关节在髋关节的正下方，保持背部平直，腹部收紧。

② 保持左臂和右腿姿势不变，左腿向前抬向胸部，同时右手向后触摸左膝。

③ 继续保持左臂和右腿姿势不变，左腿向后伸直至与地面平行，同时右臂前伸至与地面平行。回到起始姿势，完成规定的次数。换对侧重复。

要点
核心收紧，背部平直。

呼吸
伸展时呼气，还原时吸气。

第 2 周计划 B

四点支撑侧展

① 俯身跪地，双手和双膝支撑地面，双手在肩关节的正下方，膝关节在髋关节的正下方，保持背部平直，腹部收紧。

② 一侧腿单膝支撑，另一侧腿屈膝外展，臀部发力，大腿向外展至最大幅度。回到起始姿势，换对侧重复。两侧交替进行，完成规定的次数。

(1)

要点

大腿向外展时，躯干保持稳定，核心收紧。体会臀中肌的收缩发力。

呼吸

外展时呼气，还原时吸气。

(2)

第 2 周计划 B

蚌式开合

① 侧卧位,屈膝屈髋,使足跟、臀和躯干呈一条直线。头部枕于下侧手臂上,上侧手支撑于胸前。

② 臀部发力，使两侧膝关节分开至最大幅度。回到起始姿势，完成规定的次数。换对侧重复。

要点

动作过程中，始终保持骨盆处于中立位。

呼吸

双膝分开时呼气，还原时吸气。

第 2 周计划 B

弓箭步

① 站立位，双腿分开与肩同宽，左脚向前迈一步，保持两脚尖方向一致，目视前方，下颌收紧。

② 屈髋屈膝，下蹲至左腿大腿平行于地面，右膝接近地面。回到起始姿势，换对侧重复。两侧交替进行，完成规定的次数。

要点

整个动作过程注意核心保持收紧。骨盆始终朝前，不要倾斜。

呼吸

下蹲时呼气，直立时吸气。

第2周计划B

侧平板支撑髋外展

① 右手支撑于垫上，右手腕位于右肩正下方，左手叉腰，双腿伸直，双脚并拢支撑于地面，身体呈一条直线。

② 左腿向天花板方向抬高，直到最大幅度。回到起始姿势，完成规定的次数。换对侧重复。

①

要点

注意保持躯干稳定，核心收紧，背部平直。保持骨盆始终朝前，不要倾斜。

呼吸

抬腿时呼气，放下时吸气。

②

5

📋第 3 周☺
强化臀肌第 1 阶
段，臀肌逐渐强壮，
做动作更省力

锻炼目的

通过两周的练习,相信你已经能够找到臀部肌肉收缩的感觉,也掌握了一些基本练习动作的正确做法。本周将会增加一些负重练习,帮你进一步增强臀部肌肉的工作能力和力量,注意确保在练习后给目标肌肉留出足够的恢复时间。

锻炼频率

每周 2~3 次,每次任选 1 个计划执行。

温馨提示

每次锻炼时间持续约 1 小时,其中包括 5~10 分钟的热身活动,如快走 / 慢跑(户外、跑步机跑步、原地跑均可)。锻炼结束后,进行 10 分钟的放松活动,减轻运动后的疲劳。

适宜负重:有一定的挑战,但是能够用标准的动作完成规定次数或时间,且不会出现力竭或动作变形的重量。

第 3 周计划 Ⓐ

序号	动作名称	阻力	锻炼量	间歇
1	健身球臀桥	自重	10~12 次 ×2~3 组	30 秒
2	跪姿髋屈伸	自重	10~12 次 / 侧 ×2~3 组	30 秒
3	弹力带蚌式开合	适宜负重	10~12 次 / 侧 ×2~3 组	30 秒
4	弹力带硬拉	适宜负重	10~12 次 ×2~3 组	30 秒
5	弹力带站姿髋外展	适宜负重	10~12 次 / 侧 ×2~3 组	30 秒

第 3 周计划 Ⓑ

序号	动作名称	阻力	锻炼量	间歇
1	平板支撑后抬腿	自重	10~12 次 ×2~3 组	30 秒
2	弹力带侧抬腿	适宜负重	10~12 次 / 侧 ×2~3 组	30 秒
3	壶铃甩摆	适宜负重	10~12 次 ×2~3 组	30 秒
4	哑铃臀桥	适宜负重	10~12 次 ×2~3 组	30 秒
5	哑铃登阶	适宜负重	10~12 次 / 侧 ×2~3 组	30 秒

第3周计划A

健身球臀桥

① 仰卧位，双手放于身体两侧，双腿伸直，足跟放于健身球上。

② 臀部收紧，髋部抬起，使肩部、躯干、双腿呈一条直线。

③ 双腿屈膝，用足跟将健身球拉向臀部，直至膝关节呈90度。回到起始姿势，完成规定的次数。

要点
挺髋过程中，支撑腿膝盖和脚尖方向一致向前。向上挺起至膝、髋和肩呈一条直线。

呼吸
挺髋时呼气，还原时吸气。

第 3 周计划 A

跪姿髋屈伸

① 双膝跪地，双肘支撑于地面，大臂与地面垂直，目光看向垫面。

②③ 右腿向后伸直，臀部发力，右腿向上抬起到最大幅度。回到起始姿势，完成规定的次数。换对侧重复。

要点
核心收紧，躯干保持稳定。向后伸腿时保持腿部伸直。

呼吸
抬腿时呼气，回落时吸气。

第 3 周计划 A

弹力带蚌式开合

① 侧卧位，右臂肘部支撑于垫上，左手叉腰。上身抬起，双腿屈曲并拢，右腿贴地。将弹力带套在大腿上靠近膝关节的位置。

② 保持双脚并拢，左膝向上打开，使双膝分开至最大距离。回到起始姿势，完成规定的次数。换对侧重复。

要点
核心收紧。背部平直。除腿部外，身体保持稳定。

呼吸
双膝分开时呼气，还原时吸气。

第 3 周计划 A

弹力带硬拉

① 站立，双脚略微分开，双腿略微屈膝。屈髋，躯干前倾。将弹力带中段踩在脚下，双手于膝盖附近握住弹力带两端。

② 伸髋，伸膝，身体直立，双臂伸直，双手位于髋部两侧。回到起始姿势，完成规定的次数。

要点

核心收紧，背部平直，全程身体保持稳定。

呼吸

伸髋直立时呼气，还原时吸气。

第 3 周计划 A

弹力带站姿髋外展

① 双脚开立，与肩同宽，双手叉腰，将弹力带一端绕过右脚踝关节固定，另一侧脚踩住弹力带另一端，保持弹力带有一定张力。

② 保持躯干姿势不变，臀部发力，右腿向体侧拉伸弹力带至腿部与地面呈 45 度。回到起始姿势，完成规定的次数。换对侧重复。

要点
动作过程中保持身体稳定，同时控制骨盆，避免过度倾斜。

呼吸
髋外展时呼气，还原时吸气。

第3周计划B

平板支撑后抬腿

① 俯卧位，双臂屈曲，手肘位于肩部下方，双腿伸直，双脚并拢，前臂和脚尖撑于垫上，身体呈一条直线。

② 一侧腿保持伸直并上抬至最大幅度。回到起始姿势，换对侧重复。两侧交替进行，完成规定的次数。

要点

核心收紧，背部平直。一侧腿上抬时保持伸直，躯干保持稳定。

呼吸

腿上抬时呼气，还原时吸气。

第3周计划B

弹力带侧抬腿

① 侧卧位，右臂向上屈曲，右手支撑头部，左手叉腰，双腿伸展，将环状弹力带绕过双腿膝关节上方，保持弹力带绷直但不拉伸。

② 保持躯干姿势不变，上侧腿部向上抬起，拉伸弹力带至双腿夹角呈 45 度。回到起始姿势，完成规定的次数。换对侧重复。

①

要点
注意核心收紧，整个动作过程中，背部不要出现屈曲，保持躯干稳定。始终保持双腿伸直。弹力带处于拉紧的状态。

呼吸
大腿外展时呼气，大腿内收时吸气。

②

第 3 周计划 B

壶铃甩摆

① 站立位，双脚分开略大于肩宽，双手握住一只壶铃垂于体前。

② 屈髋屈膝，躯干前倾，同时双手握住壶铃经双腿之间向后摆动。

③ 伸髋伸膝，身体恢复直立，同时双手握住壶铃向身体前方摆动。之后将壶铃继续向后甩摆，进行下一次动作。完成规定的次数。

要点	呼吸
动作过程中保持核心收紧。	壶铃向下时吸气，向上时呼气。

第 3 周计划 B

哑铃臀桥

① 仰卧位，双腿屈膝，脚尖勾起，脚跟着地，双手各握一只哑铃放置于髋部前侧。

② 核心收紧，髋部向上抬起至躯干与大腿在一条直线上。回到起始姿势，完成规定的次数。

要点
动作过程中保持身体稳定。

呼吸
臀部抬起时呼气,回落时吸气。

第3周计划B

哑铃登阶

① 站立位，双手各握一只哑铃，站在跳箱前，双腿分开与肩同宽；
②③ 右腿屈髋屈膝，向前迈步至跳箱上，重心前移，左腿跟随登上跳箱，然后右脚提踵。保持身体稳定，右腿后撤，左腿跟随，回到起始姿势。完成规定次数。换对侧重复。

要点

在运动过程中保持背部挺直、身体稳定。

呼吸

登阶时呼气，还原时吸气。

6

📅第 4 周☺:
强化臀肌第 2 阶
段,臀肌更加强壮,
臀形变好看了

锻炼目的

通过训练塑造臀部肌肉，使你的臀部更加饱满挺翘，虽然臀肌的训练不会在短时间内就取得特别明显的效果，但是每次训练后酸痛和疲劳后的恢复，会让你不断增加信心。从本周开始，加码你的训练，体会臀部更多的训练刺激吧。在训练前，确保已经正确掌握动作要领。

锻炼频率

每周 1~2 次，每次任选 1 个计划执行。

温馨提示

每次锻炼时间持续约 1 小时，其中包括 5~10 分钟的热身活动，如快走 / 慢跑（户外、跑步机跑步、原地跑均可）。锻炼结束后，进行 10 分钟的放松活动，减轻运动后的疲劳。

> 适宜负重：有一定的挑战，但是能够用标准的动作完成规定次数或时间，且不会出现力竭或动作变形的重量。

第 4 周计划 Ⓐ

序号	动作名称	阻力	锻炼量	间歇
1	颈后深蹲	适宜负重	6~10 次 ×2~3 组	60~90 秒
2	杠铃臀冲	适宜负重	6~10 次 ×2~3 组	60~90 秒
3	哑铃单腿硬拉	适宜负重	6~10 次 / 侧 ×2~3 组	60~90 秒
4	坐姿髋外展	适宜负重	6~10 次 ×2~3 组	60~90 秒
5	哈克深蹲	适宜负重	6~10 次 ×2~3 组	60~90 秒

第 4 周计划 Ⓑ

序号	动作名称	阻力	锻炼量	间歇
1	高脚杯深蹲	适宜负重	6~10 次 ×2~3 组	60~90 秒
2	杠铃硬拉	适宜负重	6~10 次 ×2~3 组	60~90 秒
3	负重倒蹬	适宜负重	6~10 次 ×2~3 组	60~90 秒
4	保加利亚深蹲	适宜负重	6~10 次 / 侧 ×2~3 组	60~90 秒
5	杠铃弓步蹲	适宜负重	6~10 次 ×2~3 组	60~90 秒

第 4 周计划 A

颈后深蹲

① 站在杠铃深蹲架中，双脚开立，与肩同宽，脚尖向前，眼睛直视前方，将杠铃杆调至合适的高度。微屈膝屈髋，将杠铃杆置于颈后肩部区域，起杠处于直立位。

② 躯干保持直立且收紧，屈膝屈髋，下蹲至大腿与地面平行，随后下肢发力，伸膝伸髋至站立位。完成规定的次数。

要点
后背挺直，核心收紧，保持挺胸抬头。下蹲时，膝关节的方向与脚尖一致，脚跟不要离开地面。躯干与小腿平行，不要前倾和后仰。

呼吸
蹲起时呼气，下蹲时吸气。

第 4 周计划 A

杠铃臀冲

① 背靠健身凳坐于垫上，屈髋屈膝呈 90 度，肩胛骨边缘贴在凳边。将杠铃放于下腹位置，双手紧握杠铃。

② 稳住身体，臀部发力，将杠铃推起，至身体与地面平行，在最高点停留 1~2 秒，然后缓慢下降身体回到起始姿势。完成规定的次数。

要点
确保腰部始终处于中立位置，保持核心肌群紧张。

呼吸
推起时呼气，向下时吸气。

第 4 周计划 A

哑铃单腿硬拉

① 站立位，双手各握一只哑铃。

② 右腿单腿支撑，略微屈膝，屈髋使躯干尽可能前倾，臀部发力，左腿向后伸直，保持躯干与右腿呈一条直线。双臂自然下垂。伸髋伸膝，身体恢复直立，双臂收回至髋部两侧。回到起始姿势，完成规定的次数。换对侧重复。

要点
动作过程中保持身体稳定。

呼吸
前倾时吸气，直立时呼气。

第 4 周计划 A

坐姿髋外展

① 坐于器械的座椅上，调整座椅至合适的位置。脚放于合适高度的踏板上，膝关节屈曲呈 90 度，且膝外侧紧贴支撑垫，躯干紧靠椅背，双手放于两侧手柄。

② 髋关节外展，双膝外侧对抗阻力至最大限度，感受臀部发力的感觉，然后回到起始姿势。完成规定的次数。

要点

后背和臀部紧贴靠垫，感受臀部外侧发力的感觉。

呼吸

髋关节外展时呼气，还原时吸气。

第 4 周计划 A

哈克深蹲

① 站于深蹲练习器上，双脚开立与肩同宽或略宽于肩，身体直立，肩部上方与支撑垫接触，双手抓握前方可调节阻力手柄。

② 躯干挺直，先屈膝屈髋，下蹲至大腿与地面平行，然后下肢发力，伸膝伸髋，回到初始姿势。完成规定的次数。

要点

后背挺直，核心收紧，保持挺胸抬头。下蹲时，膝关节的方向与脚尖一致，脚跟不要离开地面。躯干与小腿平行，不要过度前倾和后仰。

呼吸

蹲起时呼气，下蹲时吸气。

第 4 周计划 B

高脚杯深蹲

① 站立位，双脚分开大于肩宽，脚尖略向外。双手托住一只壶铃位于胸前。

② 保持躯干挺直，屈髋屈膝，下蹲至最低处。回到起始姿势，完成规定的次数。

要点
后背挺直，核心收紧，保持挺胸抬头。下蹲时，膝关节的方向与脚尖一致，脚跟不要离开地面。

呼吸
蹲起时呼气，下蹲时吸气。

第 4 周计划 B

杠铃硬拉

① 站立，双脚分开，与肩同宽，脚尖向前。屈髋屈膝，背部挺直，双手握杠铃杆。

② 伸髋站起，提拉杠铃。回到起始姿势，完成规定次数。

要点	呼吸
提拉杠铃时核心收紧，杠铃杆靠近腿部。	提拉时呼气，还原时吸气。

第 4 周计划 B

负重倒蹬

① 坐于倒蹬机上，选择适合自己的负重，后背紧贴靠垫，双手抓握两侧制动杆。

② 打开制动杆，臀部及下肢发力，伸膝伸髋至下肢微屈，然后回到起始姿势。完成规定的次数。

①

要点
动作过程始终控制膝关节和脚尖方向一致向上。

呼吸
蹬腿时呼气，还原时吸气。

②

第 4 周计划 B

保加利亚深蹲

① 站立位，躯干直立，左脚支撑于地面，右脚脚背置于健身凳上，双手持哑铃，手臂自然下垂。

② 躯干保持直立，左腿屈膝屈髋下蹲至大腿与地面平行，右腿屈膝下落至靠近地面。随后左大腿前侧和臀部发力，伸膝伸髋，回到起始姿势，完成规定的次数。换对侧重复。

要点

动作过程始终，躯干保持直立，膝和脚尖方向一致向前。

呼吸

蹲起时呼气，还原时吸气。

第4周计划B

杠铃弓步蹲

① 站立位，将杠铃置于肩部斜方肌的顶端，胸部挺起，平视前方、脚尖朝前。
② 右腿向前跨出一大步，保持身体稳定，屈膝下蹲，直到右大腿与地面平行，右腿膝盖不要超过脚尖。完成下蹲后，用力向上起身，回到初始姿势，换对侧重复。两侧交替进行，完成规定的次数。

要点

身体保持稳定，大负重下应有同伴保护。

呼吸

起身时呼气，下蹲时吸气。

放松臀肌，有效缓解肌肉的僵硬感和疼痛感

仰卧 4 字伸展

① 仰卧位，双腿屈曲，右（目标侧）脚抬起交叉放于左腿的大腿上。右手从双腿中间穿过，左手从左大腿外侧绕过，双手交叉抱住左膝，呈"4"字形。
② 同时双手将右大腿拉向胸部，直至右侧臀肌有中等程度的牵拉感。保持该姿势至规定时间，换对侧重复。

①

要点

保持呼吸，可使用手肘辅助增大臀部肌肉拉伸幅度。

呼吸

全程均匀呼吸。

②

坐姿 4 字伸展

① 正坐在椅子上，双腿分开与肩同宽，右脚踝搭在左膝上。背部挺直，双手放在抬起的腿的膝盖和脚踝上，头部面向正前方。

② 保持背部平直，髋关节屈曲，直至臀部深层肌肉有中等强度拉伸感，保持该姿势至规定时间。换对侧重复。

要点

背部保持平直，匀速进行拉伸，保持呼吸。

呼吸

全程均匀呼吸，呼气的时候可适当加大拉伸幅度。

婴儿式

双脚并拢，跪于垫上。躯干前倾，双臂自然前伸，前臂放在垫上。臀部发力向后，使上半身最大程度靠近双腿，双手尽量向远伸，至臀部及下背部肌肉有中等程度的牵拉感。保持该姿势至规定时间。

要点	呼吸
注意感受臀部及下背部肌群拉伸感。	全程均匀呼吸，呼气的时候可适当加大拉伸幅度。

站姿体前屈

① 站姿，双脚并拢，双腿伸直，双手自然垂放于身体两侧。吸气，双臂向上伸直。

② 呼气，身体前倾，头部及上半身向双腿靠近，双手落于垫面，感受臀部及大腿后侧肌肉有中等程度的牵拉感。保持该姿势至规定时间。

要点
不要过度拉伸以免出现疼痛。

呼吸
全程均匀呼吸，呼气时可适当加大拉伸幅度。

下犬式

① 双膝跪地，足跟抬起，双手撑地，手臂伸直。

②③ 臀部拱起，双臂与躯干呈一条直线，同时双脚脚后跟缓慢踩向地面并伸直双膝，直至臀部及大腿后侧肌肉有中等程度的牵拉感。保持该姿势至规定时间。

要点

若膝盖伸直的情况下脚后跟无法着地，可适当弯曲膝盖。

呼吸

全程均匀呼吸，呼气时可适当加大拉伸幅度。

鸽子式

坐于垫上，双手撑地，左腿屈膝内旋至身体前方，左膝盖指向正前方。右腿向后伸直，髋关节贴紧地面。保持该姿势至规定时间。换对侧重复。

要点
全程保持核心收紧，背部挺直。动作不宜过快，注意感受肌肉的牵拉感。保持骨盆正对前方。

呼吸
全程均匀呼吸，呼气的时候可适当加大拉伸幅度。

最伟大拉伸

① 站姿，双脚并拢，背部平直，腹部收紧，双臂自然垂于身体两侧。

② 一侧腿抬高至大腿与地面平行，向前跨步呈弓步。俯身，对侧手支撑于地面，另一侧手臂的肘关节贴近同侧脚内侧。

③ 非支撑侧手臂向上打开，眼睛看手掌指尖，两臂呈一直线。

④⑤ 打开的手臂收回支撑于同侧脚外侧地面，同侧腿从屈膝变为伸直状态，脚跟支撑于地面。回到弓步姿势，后侧腿蹬起回到起始姿势。换对侧重复。两侧交替进行，完成规定的次数。

要点
膝关节不要超过脚尖或内扣。动作不宜过快，注意感受肌肉的牵拉感。

呼吸
全程均匀呼吸。

三角式

① 站姿，双脚分开两倍肩宽，双腿伸直，右脚脚尖向前，左脚脚尖外旋90度。
② 向左侧屈曲上半身，右手指向天空，左手扶住胫骨或脚踝，眼睛看向右手，使臀部和腿部的肌肉有一定程度的牵拉感。保持该姿势至规定时间。

要点

全程保持核心收紧，背部挺直。动作不宜过快，注意感受臀外侧肌肉的牵拉感。

呼吸

全程均匀呼吸，呼气的时候可适当加大拉伸幅度。

泡沫轴臀部按压

① 身体坐在泡沫轴上，双臂伸直撑于体后，左腿屈髋屈膝支撑，右腿屈曲置于左腿膝关节上方。

② 身体移动，使泡沫轴在右侧的臀部来回滚动，滚动时在肌肉酸痛点上停留按压一定时间。完成规定的次数，换对侧重复。

要点
可在疼痛明显的部位多停留或滚动。

呼吸
全程均匀呼吸。

作者简介

刘珊珊

- 中国体育报业总社《健与美》杂志运营总监、责任编辑。
- 北京体育大学运动人体科学硕士。
- 美国国家体能协会认证私人教练（NSCA-CPT）、美国运动委员会认证私人教练（ACE-CPT）、芬兰 KOSKITECH 孕产期体能训导师、国家职业资格健身教练中级、中国就业培训技术指导中心认证运动营养师、社会体育指导员二级。
- 曾主持、策划健身、减肥、产后塑身等众多大型专题内容，"健康中国十大健身人物""中国健身榜样人赛""全国家庭健身挑战赛"等多个全民健身推广活动核心策划人。
- 曾任高端人群私人教练、产后康复咨询师、健康减肥顾问等。